insultario

Pepítas de calabaza s.l.

Apartado de correos n.º 40
26080 Logroño (La Rioja, Spain)
pepitas@pepitas.net
www.pepitas.net

© Pepítas ed., José Antonio Ruiz Gracia y Ángel María Fernández

Ilustraciones: © Carmelo Bayo
Grafismo: Julián Lacalle

ISBN: 978-84-15862-41-3
Dep. legal: LR-64-2018

Primera edición, febrero de 2018
Segunda edición, mayo de 2018
Tercera edición, junio de 2021

insultario

José Antonio Ruiz Gracia
Ángel María Fernández

Con ilustraciones de Carmelo Bayo

«El insulto fue la forma más primitiva, originaria, de la diplomacia, en la medida en que esta es el arte de resolver por acuerdos de palabra lo que podría llevar a conflictos armados».

Rafael Sánchez Ferlosio

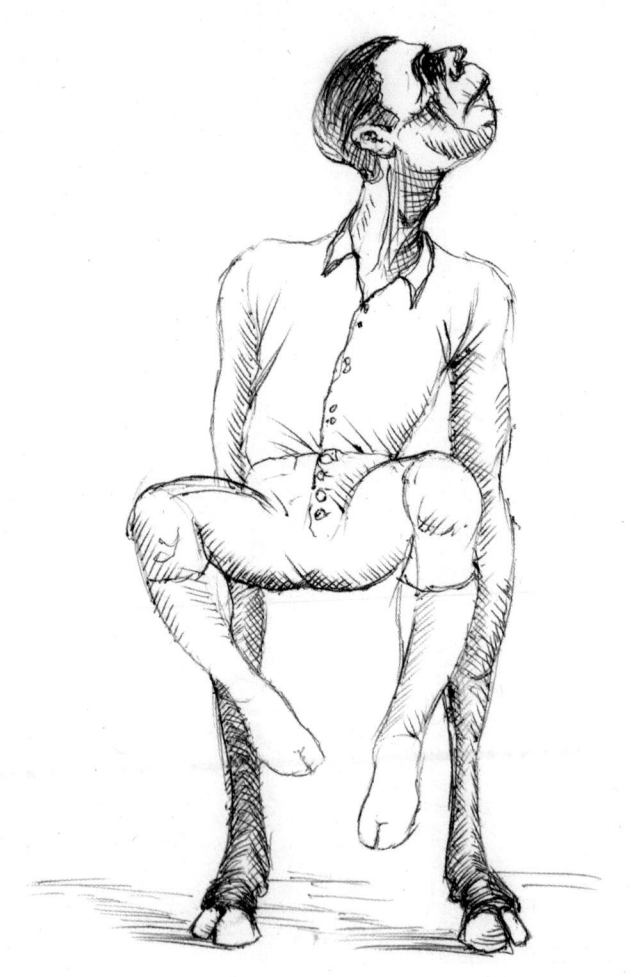

Oigo perros y delfines

–Ten la decencia que hay que tener y, si el aguardiente todavía te permite coordinar tu cuerpo, baja a la calle y quita el
coche de la zona de minusválidos.

Eres, de verdad, como cuando tienes el número 36 en la car-
nicería y van todavía por el 30, y sales para hacer otro reca-
dito mientras tanto porque faltan esas seis personas para que
te toque; y cuando vuelves ya se te ha pasado la vez: esa misma
cara de atontao tienes todo el día.

–Eres el mal tiempo, una cata de güisqui a las ocho de la mañana, una persona que sería mejor olvidar... y tienes un desorden molecular en tu sistema, también te digo.

–Y tú eres lo amarillo de la ensaladilla rusa. Eres el niño que va con los padres por un centro comercial, que no para de llorar, que ni vive ni deja vivir, tol rato agobiando y pidiendo cosas: soplagaitas.

–Llevas barba porque eres feo, eso para empezar. Eres abrir una lata de fabada y comértela fría. Eres cuando te bajas la gomita del calcetín y te rascas mirando a otro sitio, eso es lo que eres para mí ahora mismo.

–Todo lo bueno te deja siempre hecho mierda. Eres arroz blanco cocido sin más. Eres el hombre que va en una boda to' loco mientras suena «o vi o va cada día te quiero más», con la cara roja y la corbata pa' trás y un puro así ladeado, pegando voces «¡venga! ¡Que no se diga que los mayores llevamos menos marcha!». Pues eso es lo que eres.

–Echar a lavar una braga-faja y estar mirando toda la tarde el bajo de una cortina con un desconocido es lo que tú representas, sin ningún tipo de menosprecio, claro, a modo informativo.

–Pedir un crepe relleno de chocolate y nata y al echártelo a la boca descubrir que es de cabeza de jabalí: así nos sentimos a tu lado, pero te respetamos.

–Cuando vas con la barba retocada eres de esas personas que hacen que los días tan bonitos como hoy sean tan desagradables. Siempre gimoteando porque a tu sí no hay no, de verdad, que tienes que empezar a quedar con gente...

–Cómo están las cabezas... el brandy no te hace ningún bien. Eres la persiana y el aspirador de una madre un domingo por la mañana.

–Hoy hueles muy fuerte, te lo digo. Hueles a plancha de chiringuito. El amor de tu vida está meando entre dos coches. Y llevas la misma ropa con la que te dejé.

–Bastante mandanga tienes tú ya contigo mismo, cabezacaldero. Lo que necesitas es adelgazar un poco, que empiezas a parecer varias personas a la vez.

–En mis gemelos cabe la cara de Val Kilmer porque tengo unos gemelos privilegiados por mi condición física, tiquismiquis, que te ofende todo lo agradable y te peinas con un vibrador.

–¿Te has caído pa' trás? Te noto desorientado.

–Digo que si deseas algo con la suficiente fuerza lo mismo te comes una mierda, ¿no?

–De verdad, creo que hay que plantearse muchas cosas contigo. Es que eres una persona encantadora, pero te fallan dos cosas: el cuerpo y la personalidad.

Me encanta tu papada

–Perdóname, pero es que eres esa señora mayor que está en todas las bodas, que va muy animada, que va to' loca y no consigue atinar con la coreografía, «cachete con cachete, pechito con pechito»... pues eso es lo que eres con la cara esa que tienes.

–Vivir con tanto rencor te hace más difícil tu propia existencia. Yo me alegro por ello y a la vez no me importa. Solo espero que la próxima vez que me ponga ciego de careta de cerdo, un enano negro te meta toda la que me sobre por el culo y cagues carne.

–Qué gran pareja haríamos si no fuese por ti, gilipuertas, de verdad que me has estropeado toda la tarde. Eres un tiro de sisa mal cosido, eres una abuela en un bingo, generas ansiedad con esos ojillos de zorrillo.

–Y yo creo que hueles a una mezcla de jubilado que madruga mucho y mueble bar, perdona que te diga.

–Mira... Un martes de mucho frío, en pijama, a las cinco de la tarde, separando las lentejas, el montoncito de malas que queda y la última regla antes de la menopausia, permíteme, es lo que más se te parece, desde el respeto que te tengo.

–Un jersey de cuello alto, chaqueta de lana bien gorda y ma-
noplas, a primeros de agosto en Sevilla, junto a la sensación
de que un testículo sube y sube y cada vez está ya más cerca
del ombligo es lo que representas, no me malinterpretes.

–No sé si es la medicación que tomas, que es obvio que los
médicos no han acertado contigo, o ese rechazo que provo-
cas... La pregunta que me hago ahora mismo, perdóname, ¿no
crees que recuerdas mucho a esa madre ya entrada en edad,
con el cardao oliendo a humo de tabaco rubio, que se quiere
hacer la guay con los amigos del hijo... a lo mejor...?

–En cualquier momento te echaría un trapo por la cabeza
para que te duermas.

–Ahora espabilas, eh, veo que no ha cambiado nada porque sigues pareciendo la bragueta abierta de un octogenario borracho, igual que ayer. Qué vergüenza, de verdad.

–Esos borrunchos de pelo que atascan el desagüe de la ducha, pero dentro de un revuelto de setas eres tú.

–Un perdigón de pimienta de veinte centímetros de diámetro en el bocadillo de salchichón representas.

–Ahora mismo, subido en el tren de la verdad, te digo que pareces ese momento en todos los bailes de las bodas en que se queda una señora muy mayor, en una silla, todo el rato sola; y le acercan una bandeja de pastas y le dicen «tenga, que esto es muy bueno para usted».

–Siempre a oscuras te querría, de verdad. Cada vez que aparece un tertuliano de una televisión local te veo a ti, igual de rancio eres, todo papada, un bajón de tristeza.

–Sé que eres propenso a todo lo peor, pero, permíteme que te diga, y si no quieres, no me contestes, porque a lo mejor me estoy metiendo en un tema personal: ¿no crees que cada día haces más cosas de borracho sin beber?

–Un vaso de agua caliente de un trago y un cerdo acostao es lo que eres ahora mismo, calamidad.

–Algunos dimes y diretes indican que recuerdas mucho a ese olor medioambiental que queda en la última sesión de un gimnasio.

–¿Te imaginas diez kilos de faneca macerando toda la tarde al sol dentro de una tienda de campaña? Pues es entrar allí y pensar en ti.

–Ojalá se te clave una espina de la misma faneca en la garganta, pedazo de cabrón. El perro de un vecino que lo vas a tocar, «ay, qué bonito, qué bonito», y se vuelve a morderte: la misma malicia tienes. Eres como ir a echarse un chocolatito y que te saquen una taza criadillas.

–¿Sabes esos cerdos grandes y gordos haciendo todo el día un ruido insoportable cubiertos de mierda y barro y sopor? Pues eres un ídolo para ellos.

–Imagina que todos los alcaldes de España se reúnen a tomar un menú suculento en un jardín y después del postre pasan a una chopera a beber coñá y a tocar la pandereta: siento decirte que, a esta hora de la tarde, esa pandereta eres tú.

–Eres meter la llaga en el dedo, eres el padre que va a una heladería con los hijos, le pide un helado a los niños y él se toma un gin tonic a cara perro, después de venir de la chopera, eso es lo que eres.

–Un ladrido de amargura, eso es lo que sois, destruyendo siempre toda esa buena armonía que pueda haber allá donde habitáis. Gente tóxica, gente ingrata, gente que no ha traído más que enfermedades. Me refiero a toda esa gente de patilla gorda como tú, tol día enfadaos. Sinceramente, creo que os deberían reunir a todos con algún engaño y meteros juntos en las sucias bodegas de un barco a la deriva.

–Qué ganas tengo de que te hagan una cesárea programada a ver si te aciertan de una vez porque ese sufrimiento sufrido que sufres tiene que ser insoportable.

–Qué pretencioso eres, de verdad. Eres ahora mismo subirte el pantalón y colocártela un poquito.

–Me has recordado a esa amiga de tu abuela que se metía el brazo en el entrepecho, sacaba una litrona de sudor, y con la misma mano te daba la renta.

–Cerda.

Si te molesto te puedes ir

–Eres irte a dormir y apoyar la cabeza en una ración de patatas bravas. Borracho das pena, pero cuando no bebes eres patético.

–Te comento, a modo informativo, fuera rencillas y rencores, ¿no crees que es verdad cuando digo que te huele el aliento a un animal muy grande descomponiéndose?

–Creo que llevas tres semanas sin cambiarte de muda y el olor que supura tu organismo te confunde, pero no te preocupes, algún día abrirás los ojos y entonces te echaremos un zumo de limón en cada uno.

–Te daría hostias de dos en dos hasta que fueran impares.

–Ya me estás mirando otra vez con los ojos tiernos y chisposos. Acabarás escribiendo mi nombre en las paredes del psiquiátrico

–No sé... Que te gusta mucho ver las telenovelas borracho de viño blanco... Que ahora no puedo atenderte.

–Te tengo miedo, pero no respeto. Ojalá te pongas el pijama y te encuentres los caños llenos de mayonesa.

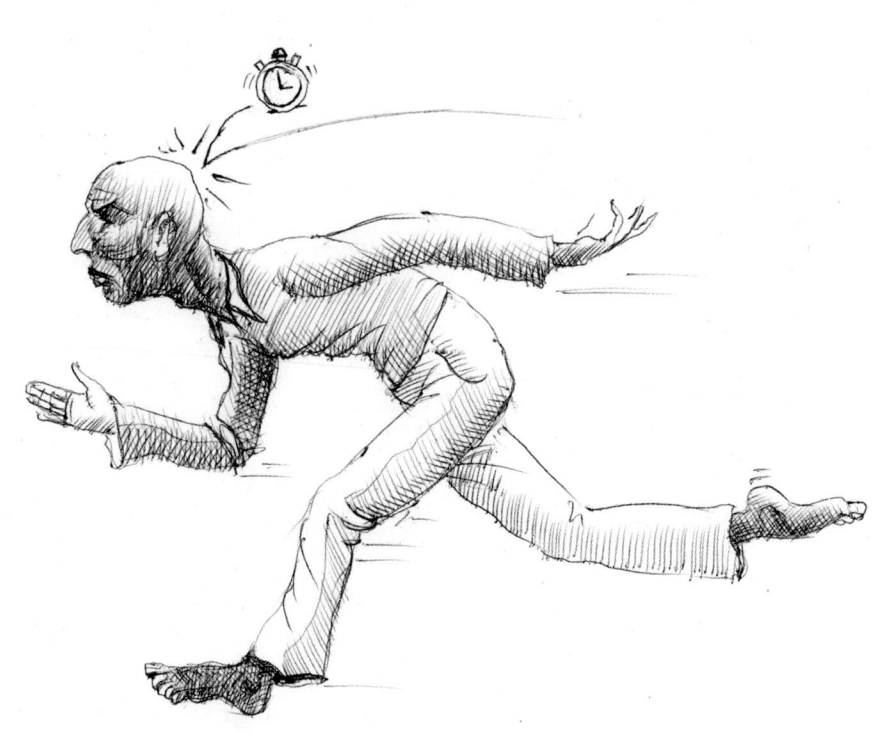

–No te deseo ningún mal, pero ojalá se te termine el plastide-cor de color carne y tengas que colorear con el naranja muy flojito.

–Te noto un poco ambivalente en los últimos tiempos, como si no supieras muy bien si vienes o si vas ni a dónde. Solo por curiosidad te pregunto, no sea que tengas un testículo arriba y el otro abajo, por prevenir.

–Un tacto rectal diario y una colonoscopia cada dos horas es lo que te deseo.

–Una eyaculación post-mortem y el pedo con sorpresa, apel-mazado en el chándal de un yonqui con el síndrome serás cuando te levantes. Buenos días.

–Eres la mujer barbuda arreglándose las patillas, eso es lo que eres. Y creo que todo lo que haces, dices o piensas es una mierda; y ese novio no te queda nada bien.

–Estar en el portal de tu casa con solo unos sucios calzoncillos puestos, con las manos así, en jarra, y mirando a poniente, cantando grandes éxitos de la rumba, eso es lo que eres.

–No aguanto un minuto calentando la leche en el microondas y te voy a aguantar a ti, subnormal. Anda, tira, bébete dos chupitos más y di adiós a tu dignidad.

–Creo que tu lado bueno se parece mucho al malo.

–Qué personalidad, de verdad, majo, tienes el sistema nervioso envuelto en moscas.

–Ten cuidado, las moscas son personas reencarnadas.

–Reencarnarse es convertirse en hamburguesa.

–¡Intelectual!

–¡Cosmopolita!

–Anda, que te gusta mucho colarte en todas las bodas, alcahuete.

Te noto el pelo raro

–Me he enterao de que estás hormonando como un bóvido tibetano y te pones por las noches debajo de las farolas a comer polillas con una muchacha.

–Déjame en paz; yo para este año solo quiero encontrar a alguien que haga sonido con cocos mientras yo finjo montar a caballo.

–Es lo que tiene la droga, empiezas a coger la bicicleta para ir a pillar y te metes en el mundo del ciclismo.

–Yo hasta que no lo veo con la luz fluorescente de la cocina, no me lo creo. Soy de los que deja correr el agua mientras se lava los dientes. Ya lo sabes todo de mí.

–No he llegado a conocerte y ya me quiero ir. Eres comprar dos euros de castañas y que salgan todas malas menos una, echártela a la boca y morderte la lengua: eso es lo que eres. Ojalá una turba de presos se escape de la cárcel y te linchen.

–Y que tú lo veas con los ojos en la mano. Eres lo peor que te ha pasado. Qué ganas tengo de que te vayas a por tabaco.

–Eres meterse la mano debajo de la camiseta y sacar del ombligo una bolita de pelos y nailon y echarla al suelo con disimulo, eso es lo que eres.

–Eres todo galbana. Esa madre que dice «ay, es la primera vez que me siento en tol día», eso es lo que eres. Recuerda que tienes que adelantar la hora y tirarte por un puente, calamidad.

–Ojalá tengas un trozo de carne entre las muelas y te pases tol día con la lengua chin chon chin chon y no te la puedas quitar.

–Felicitarte la Navidad no, pero una corona de espinas sí te ponía.

–Por ti no pasan los años, por ti pasan las penas.

–No digo que sea precisamente hoy, pero en cuanto puedas vete a la mierda.

–Excepto trabajar y cerrar el pico para no meter la pata, sabes hacer de todo. Solo espero que al despertar te hayas encontrado a un ministro acuclillado olisqueando tus zapatillas.

–Recuerdas mucho a un jugador de golf cagando en los agujeros. Eres la brocheta fría y cruda que nadie quiere en los bares a las tres de la tarde.

–No sé si hablas o roncas. Llegas siempre como ese olorcillo que viene del campo cuando han extendido el ciemo.

–Muchas cosas te las escribo con la mano izquierda para que parezca otro, alelao.

–Todos saben en tu casa que eres tonto menos tú, qué paradoja ¿no?

–Me voy al cine que no te aguanto.

–Ojalá la película sea coréana sin subtítulos.

–Ojalá te salga en el pene una uña.

–Ojalá te duelan las muelas todas las vacaciones.

–Ojalá te quiten la del juicio y te salga en el hueco un brazo.

–Calla un poco, morroestufa.

–Desnutrido.

–Retrasao.

–Tonto de balcón.

Me emborracho y te atiendo

–Si rebozo las croquetas con droga, ¿se podría decir que croqueteo con las drogas?

–Ya está el tonto... Antes de que me preguntes ya no te soporto, insulso. Dos palabras para ti: «busca ayuda».

–Si la verdad cae por su propio peso espero que a ti te aplaste, bobochorra. Eres más incómodo que un padre acompañando a su hija a comprar lencería. Me gustaría decirte que eres idiota, pero seguro que ya lo sabes.

–Lo dices tú, que cojeas de los dos pies, estúpido. Me conformo con que leyéndome, sonrías, y al sonreír, te olvides del mundo y, dentro de esa burbuja de felicidad, te atropelle un camión.

–Y que tú lo veas con un rastrillo hincado en los pezones, salao.

–Ojalá un carro del Mercadona, cargado de compra, te pille un pie en chanclas.

–Ojalá ese mismo carro se te vuelque sobre los huevos, sub-normal.

–Ojalá vivas mucho y se te haga muy largo.

–Veganos, runners, hípsters, metrosexuales, pansexuales, tertulianos, fofisanos, tú... Es una pena que Darwin se perdiera todo esto.

–Todo el mundo sabe que el quinto cubata solo te lo pides para ir tirándolo sobre la gente.

–No hay nada más agradable que saber caerle mal a la gente correcta.

–Lo tuyo no hay un dios que lo mejore, aunque tampoco puede empeorar. Para mi gusto respiras demasiado. Si te sobra tiempo entre no hacer nada y estar todo el día con el móvil en la mano, salta por el balcón.

–Pues no me importaría que acabases el día con un coma etílico.

–Cada vez haces más cosas de jubilao sin jubilarte. Lo importante es que tengas salud y mucho tiempo para hacer el gilipollas.

–Ojalá te levantes a las cinco a coger olivas, trabajes sin descanso hasta las once y cuando abras el almuerzo sea tofu.

–Para hacer el gilipollas no escatimas. Eres tan feo que te decían «cállate, que calladito estás más callado».

–6 de setiembre, la Virgen María ya está de veinticinco semanas.

–Hala, no dejes que ningún optimista te joda tu día de mierda.

–De pequeño eras un gilipollas. Pero luego las cosas cambiaron, ahora ya no eres pequeño. Debes de estar agotado de tanto hacer el ridículo.

–Tú no te muevas de ahí, que enseguida pasa alguien y se lo cuentas.

–Yo aparco el coche en un garaje, a mí me hablas de usted.

–Usted es gilipollas. No estoy juzgándolo, solo le estoy recal-
cando que usted es subnormal.

–A mí me puedes decir lo que te dé la gana, pero a recalcarle
a tu puta madre.

–Grosero.

–Cantamañanas.

–Mongólico.

Cristo, ten piedad

–Entonces Jesús, viendo como soltaban a Barrabás, dijo: «Me vais a comer la polla, hijos de puta. Apúntame eso, Lucas» (Lucas, «Borradores»).

–A mí lo que me enloquece es que sigas haciendo el turrón de almendra con las cáscaras. Todo apunta a que este año tampoco va a ser tu año.

–Toda la vajilla de tu casa son vasos de Nocilla pero engordas por culpa del tiroides, ¿a que sí? Una buena inocentada sería que te bebieras una botella de lejía.

–Sábado, sabadete, camisa nueva y al bar a ver si te pegas con algún parroquiano viendo el fútbol.

–Y tras el ayuno, al subir a la montaña, dijo Aharhel: «Qué hijos de puta mis padres, el nombre que me han puesto». Y vio Dios que era cierto.

–Ya puedes seguir haciendo el imbécil, básicamente.

–Hace noche de peli, sofá, copa, cigarro, copa, copa, medio gramo, salir, antro, after, copa, ese me mira mal, navajazo, cárcel y mantita.

–Te daría una hostia pero no creo que vaya a ser suficiente. Ojalá cuando despiertes te encuentres a un notario barriendo la cocina.

–A ver si no vas a tener siempre la razón y estás quedando como un gilipollas, que todo puede ser.

–Después del paseíto matutino lo que mejor viene es prender fuego a unos cuantos felpudos y llorar desnudo en el cuarto de contadores. Hace un día estupendo para que te incineren.

– De buena gana te partía una silla en la espalda. Espero que estas navidades te comas el turrón de guirlache sin dientes.

–Qué bien te haría una ráfaga de Réflex en los ojos.

–Qué botellazo en la sien tienes. Eres una casa cociendo co-
liflor veinticuatro horas al día.

–Si mis cálculos no me fallan, tú tienes que ser gilipollas.

–Estás hecho un pitagorín. Se ta' quedao la mirada necia ¿qué
te pasa?

–Tengo mucha tos, no sé si ir al cine o a misa.

–Vete a la mierda, canso.

A mí lo que me gusta
es la fonética

–Lo que te iría muy bien esta mañana es cogerte la chorra con la cremallera.

Creo que eres muy tonto y te mereces todo lo que te pasa y deja ya de disimular con la vértebra L_4 y la L_5.

–Lo que me vuelve loco es verte con las muñecas rotas, por cierto.

–Y tirarte pedos en el coche y comértelos a cara perro también te encanta.

–Mira, tengo un martillito a mi vera que te va a dejar los dientes como nuevos.

–Se te ha caído el orujo al suelo y has entrado en cólera. También lo entiendo.

–¿Y si te echas a bucear veinte minutos y luego flotas mirando el fondo?

–Hoy me siento bien, solo te deseo un esguince.

–Pues yo te imagino con los brazos arrancados y esa cara que tienes y todo te queda muy elegante.

–Estoy ahora mismo cascando almendrucos, que no te puedo atender.

–Estás ahora mismo en el linde de la menopausia y no sé qué te gusta más si hacer el gilipollas o serlo.

–Oye, pues un par de tortazos para hacer hambre antes de ir a cenar ya te daba.

–Eres echar la mano al lomo mojado de un pastor alemán y pasártela por la nariz.

–Eres la primera caída al suelo del primer borracho de la mañana. Una tarde entera pelando malvices y cantando jotas es lo que mejor te representa.

–Este es el panorama, sin acritud te lo digo, llevas sudao desde el verano pasado, no hay quien aguante a tu vera. A ver cuándo te extingues ya.

–Oye, que se comenta que lo de tu aliento es porque cagas pa' dentro.

–Y si tu madre no hubiese consumido ketamina durante tu gestación se podría mantener una conversación normal contigo, que es desesperante, creo que eres tan tonto que hasta te cuesta respirar.

–Tiene que ser duro levantarte cada mañana y volver a ver en el espejo la cara esa que tienes, ¿no? ¿Cómo lo llevas? ¿Es verdad que te tomas el café muy corto para ir a juego con tu personalidad?

–Creo que eres tan feo que estarías mejor sin cejas. Por aquí se comenta que se te ha quedao la cara así por masticar muy fuerte el puré. A ver si lo podías confirmar.

–Y una patada en la boca también te puedo confirmar. Que te has obsesionado con ser estúpido y lo has conseguido.

–Pues sí, esas voces que escuchas diciéndote que eres tonto están en lo cierto.

Estás al borde de
la hostia a tiempo

–A toda esa gente que lleva un agujero en la carcasa del ipho-
ne para que se le vea la manzana: si necesitáis un abrazo, aquí
me tenéis.

–Te acabas de duchar y te huele el pelo.

–Lo mejor que te puede pasar es un camión por encima.

–Almorzar y esperar a que llegue mañana la hora del almuerzo es lo que mejor se te da.

–A estas horas me recuerdas mucho al novio de una madre, recién levantao, fumando un fortuna, en camiseta y calzoncillos, en el balcón, preguntando qué hay pa' comer.

–¿Si mi teléfono es inteligente por qué recibo tus mensajes de imbécil?

–Te he visto en el Mercadona echando más tomates a la bolsa después de haberlos pesado. Creo que preguntas mucho para lo tonto que eres.

–Ojalá mañana cuando te despiertes encuentres a un abuelo sin dientes respirando muy fuerte a tu lado.

–Ojalá te hayas despertao embarazado de seis meses.

–Pues nada. Ya has hecho de vientre. Ya te puedes volver a la cama.

–Échate la siesta que ya sabes cómo te pones luego.

–Eres como un galgo con sobrepeso, una persona ridícula. Rompiéndote una mecedora en la cabeza todavía no me quedaría satisfecho. Este invierno ojalá eches el catarro por el culo.

–Sé que a veces te sientes idiota sin motivo, no te preocupes porque el resto del tiempo tienes muchos motivos para sentirte idiota.

–Eres ahora mismo comerte una bandeja de napolitanas a solas en el váter, llorando, eso es lo que eres.

–Eres eructos de chorizo todo el día.

–Veo que el embutido es tu hábitat natural.

–Pues sí, prefiero morir de fuet que vivir de rosquillas.

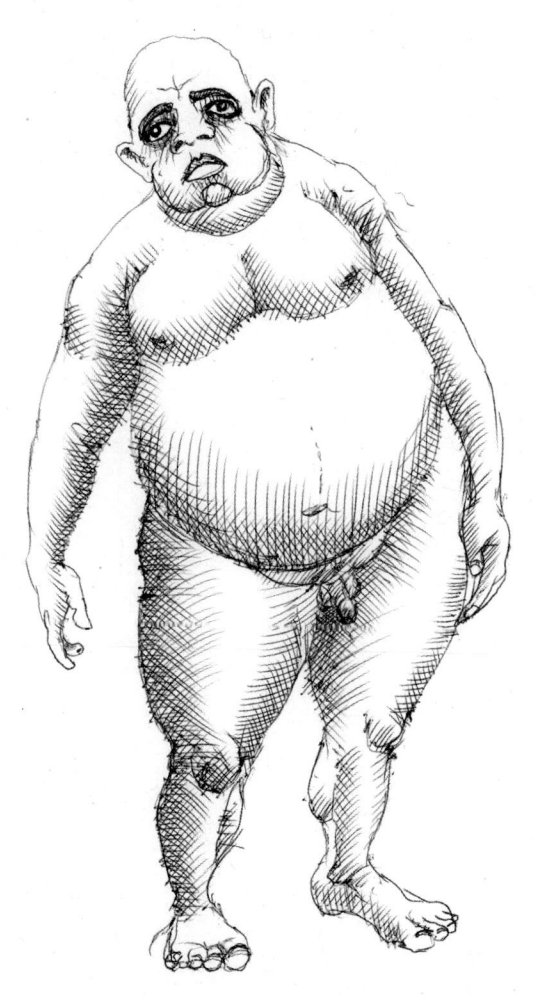

–A mí lo que me gusta es exfoliarme. Que no tengas la cara agradable no te exime de ser gilipollas, apúntatelo.

–Vete pensando que cuando te mueras te van a poner flores de plástico para no tener que ir a verte.

–Tú sí que eres de plástico, anormal. Espero que vivas mucho tiempo y cada día con más dolores. Aprovechas la más mínima oportunidad para demostrarle al mundo lo retrasao que eres.

–Pero cómo te gusta el arroz con leche sin arroz... Que tienes el rostro apezonado.

–La cama no, pero el imbécil sí que lo haces de buena gana.

–Ser gilipollas está de moda y tú, como siempre, a la última, ¿eh? Se puede ser más tonto que tú, pero de tanta calidad...

–Lo normal sería que al levantarte te fueras a la cama otra vez y nos dejaras a todos tranquilos. Otro domingo insoportable siendo tú tol rato. Entiendo que quieras descansar.

–Cada mañana al despertar te preguntas frente al espejo si es posible ser así de idiota y la respuesta es siempre afirmativa.

–Eres una vieja enjoyada echándose laca para ir a misa.

–Veo difícil que nos entendamos, yo soy aries y tú subnormal.

–A ver cuándo quedamos para que me surja algo de última hora y no poder ir.

–Se ha quedado una noche de las que te gusta a ti mear por el balcón.

–No estamos más que a miércoles y ya apestas a brandy y encurtidos.

–Me gusta cuando te quedas en casa de tu madre porque estás como ausente.

–Lo que combina muy bien con tu estupidez es una patada en el fémur.

–Has cambiado, ya no eres el mismo gilipollas de antes; ahora eres el gilipollas de ahora.

–Creo que te has comido el almuerzo sin quitar el papel albal y ahora hablas con grumos.

–La mayoría de las veces me alegro de no saber a qué te refieres. Que te encanta mirar para otro lado a ver si por allí eres menos idiota.

–Yo al primer síntoma, la verdad, ya te daba una hostia.

–Sé tú mismo. Ábrete la cabeza contra un bordillo.

–Si piensas siempre en ti mismo es normal que todo te parezca idiota.

–Hombre tú, haciendo el imbécil... Esto sí que no me lo esperaba.

–En la incubadora te tenían los cristales tintados, no digo más.

–¿Por qué no te compras un cochinillo y lo abrazas? Te huele la ropa a boquerones fritos.

–Te has echao un plato de caparrones sobre el pecho y te sientes pletórico.

–Cishetero, homonormatividad, patriarcado, misandria, pansexual, sororidad... pero no sabes qué río pasa por Zaragoza.

–Unas natillitas entre los güevos y el tanga ya te gusta ponerte, ¿no?

–Echo de menos cuando aún no habías nacido.

–Pues está dentro de lo posible que fallezcas mañana. Qué nervios, por dios.

–Seguro que estás ultimando los detalles para hacer el ridículo esta noche.

–Lo que también te viene muy bien para que te relaciones es que te vean poco.

–Asco me dan muchas cosas, pero tu pelo sucio y graso re-vela lo oculto.

–Ahora te haces el interesante, pues sería muy interesante que te fueras a tomar por culo, tontaiña.

–Amargao.

Pues en persona todavía estoy más sudao

–Pues lo típico que vas al zoo, se te queda mirando mal un rinoceronte y le das una bofetada a un señor de Vitoria que está allí con su familia.

–Me pongo a batir huevos para la tortilla y que no me canso. Tengo como una resistencia especial, por lo que sea.

–A ver si vas a tener el colesterol bajo. Me cuesta bastante distinguir entre tu cara y el pecho de una señora muy mayor.

–Es asombroso el retraso mental del que haces gala. No eres más tonto porque no tienes más tiempo.

–Te levantas a por un vaso de agua y una vez en la cocina abres la nevera, miras dentro, cierras, miras alrededor y dices «a qué cojones he venido». Y así todo el día.

–Este San Valentín dile «te quiero» lanzándote por el hueco de la escalera.

–Eres un niño con un tambor pompompompompom.

–Pues se ha quedado una noche pa' meterte una patada en el esternón que no veas.

–Me recuerdas a la típica pared con recortes y fotos que encuentra el FBI en la casa del asesino en serie.

–Hoy te has tomao muy tarde la medicación y tienes unos picores horrorosos.

En la limpieza del interior del microondas, ahí es donde se ve cómo es una persona.

–Cualquier momento te viene bien para opinar de lo que no sabes.

–Las sábanas no, pero las ganas de vivir sí que las quitas. Que ves muchos partidos de balonmano femenino en ayunas, se comenta.

–La verdad es que te queda muy bien ser un imbécil.

–Lo mejor para tu carácter es una tumba o un zoológico.

–Te huele la nuca. Pareces un tonto mirando helicópteros.

–¿Sabes esa sensación cuando te despiertas y no sabes dónde estás? Pues tú parece que lleves así toda la vida.

–A veces me siento atrapada en una vida vacía y superficial, luego me miro el pelo tan suave y con qué brillo lo tengo y se me pasa.

–Veo que vas piripi con el pantalón meao. ¿Y las uñas? ¿De qué color las llevas?

–Negro alegría. ¡Cansacuerpos!

Has cogido mucho cuerpo

–A ti te quitaba yo la tontería madrugando y podando almen-
dros. El tiempo pone a cada uno en su sitio, pero con un bate
de béisbol no tendríamos que esperar.

–Me amargas la vida, así te lo digo.

–Soy el que te saluda por la calle, te quedas todo el día pensando quién será, quién será y en realidad me he confundido yo.

–Tu camino hasta la cirrosis es maravilloso. Ya falta menos para que te partan un botellín de cerveza en la cabeza en la verbena del pueblo de tus padres.

–Te noto muy maduro para no saber multiplicar.

–Desde las ocho de la mañana bebiendo pacharán en el bar y diciendo que la juventud está echada a perder... Claro que un mundo mejor es posible, pero te tienes que ir a la mierda.

–Eres igual de ignorante a todas horas. Estarías más guapo con un tenedor clavado en la frente. Ojalá el último trago de esta noche te sepa a meaos.

–Tranquilízate, conato de individuo, creo que se te ha ido la mano con el bitter kas en el vermú. Respira. Lo puedes superar.

–Lo peor no es que hagas el ridículo, lo peor es que lo compartas. Eres levantarte de madrugada a mear y pisar al gato. Qué golpe seco tienes en la nuez.

–Cada vez que engordas te va todo a la cara, ¿te lo habían dicho? Tus pómulos recuerdan mucho a unos glúteos.

–Entras en los sitios como un tonto y sales como un ignorante. Lo único que te mueve de la cama es el olor del calamar frito y las gordillas a la plancha.

–Verte tropezar y besar el asfalto es también interesante. Oja-lá se confundan de persona y te partan la cabeza.

–Ojalá mañana cuando te despiertes encuentres a una señora mayor, en bragas, probándose tus blusas.

–Ojalá encuentres zapato a tu medida y dentro haya una mierda.

–Ojalá te den siempre las vueltas con un guante de pescatera.

–Si te estás entrenando para idiota no te esfuerces que vas sobrao.

Tú no te preocupes
que todo va a ir mal

–Hace un calor de pegarle dos cartuchazos al vecino por un asunto de lindes.

–Tienes siempre el gesto como si te hubiesen dao un balonazo entre la oreja y la sien.

–Pues en vez de una siesta, unos tacos de aluminio en la espinilla te harían mucho bien a estas horas de la tarde. Que no te lo digan no quiere decir que no te tengan asco.

–Tienes cara de tener una orden de alejamiento. Eres el vivo reflejo de un imbécil tomándose un cortao.

–Una buena manera de festejar las fiestas patronales es partiéndote una litrona en la nuca.

–Eres un profesor borracho de sangría en mitad de una clase de instituto.

–Buenos consejos no darás, pero asco, madre mía... Tienes todo el día cara de estar cagando.

–Tú, sin embargo, eres de los que se visten de naranja y así ya creen que toman vitamina C.

Nunca me alegro de verte

–Lo razonable sería llevarte a vendimiar a Francia tol mes de setiembre, a ver si se te va la tontería esa que tienes.

–Cuando todo el mundo está muy contento, cuando todo el mundo está muy bien, en una fiesta o un banquete, eres ese tipo de persona que dice «qué bien se lo habría pasado el tío Paco» y te acuerdas, a lo mejor, por ejemplo, de un muerto... así... destrozando la alegría de la mesa.

–Eres ese tipo de carácter peliculero de los que siempre están diciendo «pues mi hijo, pues mi nieta...» mientras se comen otro fardelejo y se ponen la blusa perdida de azúcar.

–El resto de comida que se queda en el desagüe después de fregar y una sandía en el maletero de un coche en marcha con los asientos de atrás bajados, dando golpes tol rato y jodiendo: eso es lo que eres.

–La ignorancia es el menor de tus defectos.

–Pues para ser tan feo eres bastante tonto.

–Eres estar escuchando a Joselito toda la tarde en una radio vieja, sentado en una silla de madera al lado de un kiosco, fumándote un truja, con un quinto de cerveza caliente en los pies y gruñendo por to'.

–Me recuerdas a esos hombres que cantan jotas sin descanso luego hacen un rancho, limpian la caseta, van a echar a los perros, riegan, se compran un decimito y siempre pensando en hacer cosas y hacer cosas, eso es lo que pareces.

–Ese hombre maduro que va de viejoven, que baila un rato en el chupinazo y luego está tol rato en una silla reventado e insoportable, dando por culo... es en lo que te has convertido.

–Te has puesto morao de banderillas y das la turra todo el tiempo con el bicarbonato y con que te duele la barriga mientras con la mano izquierda te comes otra banderilla, así andas por la vida.

83

–Ojalá mañana te despiertes y encuentres al párroco junto a ti, desnudo, oliendo a vodka.

–Cómo hinchas los pulmones delante de las chavalas, arrogante de mierda. Te levantarás a media noche a conectarte al feisbuk mientras te tomas una taza de chocolate con esa extraña sensación desagradable de ardor entre los dedos de los pies que tienes y nadie soporta.

–Eres ponerte cariñoso en francés, un empalagoso.

–Pareces un señor mayor intentando hacer cosas, patético.

–Cuando acabas de fregar una pila de platos, terminas de recoger, te giras y ahí está, esa sartén sucia, mirándote... Eso es lo que eres ahora mismito.

–Eres sentir presencias, abrir los ojos, ver que estás tirado en un parquin del Pryca a la vez que unos niños te despiertan tocándote con un palo, riéndose de ti porque vas meao.

–Eres de esas personas que tienes ganas de ver hasta que la ves.

–Me caías mejor cuando no te conocía.

–Hoy es uno de esos días raros que te has levantado seco.

Yo con la lengua
me peino el pecho

–Eres hacerte los pies una vez al mes.

–No te deseo más mal porque siendo como eres bastante tienes, pero ojalá te venga la regla en un río de pirañas.

–Ahora mismo, perdona que te diga, eres una señora mayor farfullando en una mecedora, haciendo calceta con las gafas bajadas, rascándose la cabeza con la aguja de punto. Y punto.

–¿Pero no te das cuenta que tienes el mismo pelo que Miliky y no haces más que el ridículo?

–Eres estar en medio de una relación sexual, aunque no sé qué tipo de especie sería capaz de tener algo contigo, pero bueno..., que te suene el guasap, seguir con el acto pero estar pensando «lo mismo es el Paco pa' lo del futbito», eso es lo que eres, tontochorra.

–Cómo te gusta presumir de ignorante.

–Eres la señora mayor que pasa a altas horas por la zona de marcha del casco antiguo con el bolso cruzado agarrándolo fuerte y el paso acelerado: eso es lo que eres.

–Pues muy bonita la historia de tu madre que aún sin dientes seguía tocando la flauta.

–Eres la mepansa de la cocina por dentro.

–A veces me tengo que decir a mí mismo «pero, Paco, céntrate». Y yo no me llamo Paco.

–Creo que eres tonto en un plan ya desesperante y que naciste viejo con el pelo cardao de señora.

–Ojalá cuando te despiertes haya un hombre de esos que llevan una funda de móvil en el cinturón mirándote de cerca.

–Ojalá alguien te coja continuamente del brazo para decirte algo.

–Con esos aires de Voltaire pareces Catalina la Grande, qué asquito das.

–No te deseo ningún mal, pero ojalá después de una hora buscando aparcamiento veas un hueco libre y cuando metas el morro haya una moto.

–Mírate, eres estar con un grupo de viejas en un bar viendo la lotería.

–Más te valdría doblar el lomo y menos paseítos, que llevas la vida de una preñada.

–No hay nada más desagradable que un niño feo recién peinado, y tú.

–Eres un fallo de la genética, tienes la misma cara que las vacas cuando ven pasar el tren.

–¿Te puedes marchar un mes de aquí, por favor?

Con Franco había
más wifi

–Tu madre vio partidos de regional durante tu embarazo.

–La tuya pensaba en diputados mientras te daba el pecho.

–Lo que va muy bien para tu personalidad es darle con un palo a una colmena.

–Eres meter la mano en la máquina para sacar un aquarius y agarrar una chorra.

–Estás en ese momento de tu vida que ya te gustaría a ti saber qué momento es.

–Aparte del olor a alcohol y algún que otro babeo ocasional a veces dices unas cosas interesantes.

–Aquí, esperando a que te hagas daño.

–Soy capaz de rodear Idaho por no verte la cara.

–No sabes ir a casa de tu madre y vas a saber dónde está Idaho. Anda, pídete un sol y sombra y un palillo, que te estás poniendo intensito.

–Si estás triste sin motivo no te preocupes, que ahora mismo vuelve el kiwi de temporada.

–¿Tú también le das golpecitos a la sandía como si supieras lo que estás haciendo, verdad?

–Echo de menos que se caiga alguien.

–Echo de menos cuando solo parecías tonto.

Antes todo esto era campo

–¿Puedes creer que la tela que nos pasan por encima en la peluquería no sea para masturbarse tranquilamente mientras te cortan el pelo?

–Haces tantas veces el ridículo que ya te sale de forma natural.

–Ojalá te entren ganas de cagar blando nada más acabar de ducharte.

–No te deseo ningún mal, pero si estás echándote la siesta ojalá cuando te despiertes te esté mirando demasiado cerca un entrenador de futbito.

–Andan dimes y diretes por ahí sobre lo de tu cara, que si se te ha quedao así por una siesta que se te fue de las manos.

–Eres de esos que creen que lavándose la cara se les pasa.

–Una cosa te digo, se puede tener razón y ser gilipollas a la vez.

–Yo hasta que no se tira el primer inglés por un balcón en Mallorca no saco la ropa de verano.

–Agacha un poquito la cabeza, a ver si te vas a dar con la ton–
tería que llevas encima.

–Poéticamente te deseo que un coro de hermosas musas to–
cando la lira te lleven a la misma mierda.

–Pero cómo te gusta amancebarte. ¿Sabes ese gilipollas que
todos llevamos dentro? Pues tú lo llevas por fuera.

–Cantaenayunas.

–Estúpido.

Índice

Otros títulos publicados

Los amigos
Ánjel M.ª Fernández

Guiriguerías
José Javier León